L'ABBAYE

DE

NOTRE-DAME

DE BEAULIEU

Ordre de Cîteaux

A MIREPOIX (Ariège)

PAR

L'Abbé F. ROBERT

CURÉ DE BAJOU

Membre de la Société Ariégeoise des Sciences, Lettres et Arts

FOIX

IMPRIMERIE LAFONT DE SENTENAC

—

1909

L'ABBAYE

DE

NOTRE-DAME

DE BEAULIEU

Ordre de Cîteaux

A MIREPOIX (Ariège)

PAR

L'Abbé F. ROBERT

CURÉ DE BAJOU

Membre de la Société Ariégeoise des Sciences, Lettres et Arts

FOIX

IMPRIMERIE LAFONT DE SENTENAC

—

1909

L'ABBAYE

DE

NOTRE-DAME DE BEAULIEU

Ordre de Cîteaux

A MIREPOIX (Ariège)

Les origines de l'abbaye cistercienne de Sainte Marie de Beaulieu, à Mirepoix, fille de Valnègre, sont demeurées longtemps inconnues. Les savants auteurs de la *Gallia Christiana* parlent de la ruine de cette maison religieuse, qu'ils attribuent faussement aux fureurs calvinistes, et de la fondation à perpétuité d'un chapelain faite par Constance de Foix, veuve de Jean de Lévis, seigneur de Mirepoix. L'Histoire du Languedoc reproduit les dires de la Gaule chrétienne, sans ajouter un mot. Nous allons, à l'aide de deux bulles venues des archives du Vatican et de quelqu'autre document, retracer les grandes lignes de l'histoire nécessairement courte d'une fondation qui dura à peine une soixantaine d'années. Notre modeste travail sera une bien faible contribution à l'histoire du passé religieux de notre cher pays.

Ce fut en 1298, un an après leur mariage, que Jean de Lévis et Constance de Foix (1), sa femme, fondèrent à Mirepoix l'abbaye de Beaulieu. Cette date, déjà mémorable par l'inauguration de la nouvelle église (18 juin 1298), nous est donnée par la notice inédite sur Mirepoix de l'astronome Vidal rapportée par le savant Adolphe Garrigou dans les *Etudes historiques sur le pays de Foix* (2).

Notre ville possédait, déjà à cette époque, deux couvents d'hommes : celui des Cordeliers ou Frères Mineurs, fondé en 1216 par le Bienheureux Christophe de Romagne (3), un des premiers disciples de saint François, à la prière et grâce aux générosités de Guy Ier de Lévis, et celui des Trinitaires, appelés à Mirepoix, en 1233, par Guy de Lévis, deuxième du nom.

Digne héritier de la piété de ses pères, Jean de Lévis Ier, fils de Guy III, et Constance de Foix sa femme voulurent, pour la gloire de Dieu et le salut de leur âme, doter la ville capitale de leur seigneurie d'un monastère de femmes. Ils prirent dans l'enclos de la ville nouvellement rebâtie après la terrible inondation de 1289, sur un terrain donné par eux, un grand moulon situé à l'ouest (4). Ils l'entourèrent de bonnes murailles et élevèrent au centre un couvent assez

(1) Une des quatre filles de Roger-Bernard III, comte de Foix, et de Marguerite de Moncade, vicomtesse de Béarn.

(2) Etudes h'storiques sur l'ancien pays de Foix et le Couserans, par Adolphe Garrigou. — Toulouse, Hénault, imprimeur, rue Tripière, 1846 (page 36).

(3) Son culte a été officiellement rétabli par Pie X, le 12 avril 1905, à la prière de Mgr Enard, évêque de Cahors.

(4) Le moulon occupé par la *maîtrise*, sur la promenade de la Porte d'Avail. L'enclos fut diminué, lorsque, après l'incendie de la ville par les Routiers vers 1370, on creusa les fossés de la nouvelle enceinte.

spacieux pour loger une vingtaine de religieuses et une chapelle dédiée, nous ne savons pourquoi, à l'apôtre saint Paul. Ce qui resta de l'enclos, en plus des lieux réguliers, fut converti en jardins et verger. La beauté du site fut telle qu'on appela ce couvent Notre-Dame de Beaulieu, nom porté d'ailleurs par plusieurs abbayes cisterciennes (1).

Les nobles fondateurs assurèrent l'avenir de la Communauté par certaines dotations et des redevances qu'ils répartirent sur leurs diverses possessions du Languedoc. La pieuse fondation fut faite avec l'agrément de l'évêque de Toulouse dont dépendait alors la paroisse de Mirepoix et qui fut tout naturellement le chef spirituel du nouveau couvent jusqu'au moment où fut créé l'Evêché de Mirepoix, en 1317. Les religieuses devaient payer certains droits et prendre la règle d'un Ordre déjà existant et approuvé par l'Eglise. L'intention de Jean de Lévis et de Constance de Foix était d'affilier l'abbaye de Beaulieu à l'Ordre de Cîteaux ; cependant ils passèrent plusieurs années sans mettre leur projet à exécution et pendant ce temps on dut probablement suivre la règle de Saint Benoit, la plus généralement adoptée à cette époque.

Nous ne devons pas être étonnés de la préférence donnée à l'Ordre de Cîteaux sur tous les autres Ordres. En effet, de même que la noble famille de Lévis-Mirepoix avait en très haute estime les fils de Saint François d'Assise qu'elle établit à Mirepoix, à Florensac (2), à Pamiers et en deux autres villes d'Espagne (3), de même les comtes de Foix professaient

(1) Beaulieu, O. C. au diocèse de Langres et au diocèse de Rhodez.

(2) Florensac, chef-lieu de canton du département de l'Hérault, arrondissement de Béziers.

(3) D'après un manuscrit ayant pour titre : « Discours sur l'ancienneté, les illustrations et les grandes alliances de la famille de Lévy. »

une vénération particulière pour les enfants de Saint Bernard ; ils avaient leur sépulture à l'abbaye cistercienne de Boulbonne, près Mazères, qu'ils avaient fondée, ils étaient bienfaiteurs de Valnègre (1) et de Calers (2), Ordre de Cîteaux, et lorsqu'en 1353 Gaston Phœbus et sa mère Eléonore fondèrent le couvent des Salenques du diocèse de Rieux, ils y placèrent des religieuses cisterciennes.

Une autre raison, qui explique encore celle que nous venons de donner, nous est fournie par M. Cauvet dans ses *Etudes historiques sur le couvent de Fontfroide :* « L'Ordre de Cîteaux, dit-il, excita à son origine une admiration très vive et très générale qui prit dans certains couvents de femmes un caractère de profonde exaltation. Les vertus des cisterciens étaient, dans ces couvents, l'objet le plus habituel des entretiens des religieuses, et dans ces entretiens elles déploraient sans cesse l'inflexibilité d'une règle qui les empêchait d'avoir pour supérieurs des religieux qu'elles considéraient comme les modèles de la vie monastique » (3).

En 1319, Jean de Lévis fut frappé de la maladie qui, au bout de quelques mois, le coucha dans la tombe. Constance comprenant la gravité de la situation voulut, avant la mort de son mari, affermir la fondation qu'ils avaient faite dans les premiers temps de leur mariage et demanda l'incorporation de Beaulieu à l'Ordre des Cisterciens. Le Chapitre général, réuni à

(1) **Valnègre**, ancienne abbaye de femmes, O. C , dans la commune de **Saverdun.**

(2) Calers, abbaye d'hommes. O. C., près de Gaillac-Toulza.

(3) Cependant, les demandes d'affiliation devinrent si nombreuses et se renouvelèrent avec de tels accents de piété et les marques d'un attachement si profond, que le Chapitre général finit par céder. Les premières affiliations eurent lieu vers la fin du xii⁰ siècle Elles se multiplièrent avec une rapidité telle que bientôt les monastères cisterciens de femmes atteignirent le nombre de 1400. (Cauvet).

Cîteaux, diocèse de Cavaillon, fit bon accueil à la requête de l'illustre Dame de Mirepoix et délégua les Abbés de Bonnefont (1) et de Calers pour procéder à l'union demandée. Ils devaient auparavant obtenir la permission de l'évêque et du Chapitre de Mirepoix.

Poussé par un zèle difficile à expliquer, l'Abbé de Calers, sans en rien dire à l'évêque et au Chapitre, s'empressa d'exécuter les ordres de ses supérieurs. Il s'achemina vers Mirepoix en passant par Valnègre où il prit plusieurs religieuses professes qui, avec l'autorisation de leur abbesse, consentirent à venir habiter le couvent de Mirepoix. Arrivé à Beaulieu, l'Abbé réunit la Communauté, prononce l'acte d'union et la clôture et fait élire l'abbesse qui fut prise parmi les Sœurs venues de Valnègre. Il devint ainsi le père spirituel de la maison.

Convaincus, peut-être, de la nullité des actes de l'Abbé de Calers à Beaulieu, les évêques de Mirepoix, Raymond d'Athon (1318-1326), Jacques Fournier (1326-1327), et Pierre de la Perarède (1327-1348), ne crurent pas devoir protester auprès du Souverain Pontife. Plusieurs années passèrent ainsi, au bout desquelles la pieuse Dame de Mirepoix, prise de scrupules, écrivit au Pape pour le prier de couvrir de sa puissance souveraine les irrégularités du délégué de Cîteaux. De leur côté, l'évêque et le Chapitre se plaignirent humblement du dommage que l'incorporation de l'abbaye Mirapicienne à l'Ordre de Cîteaux leur faisait subir. Pour connaître l'affaire et la bien juger, Jean XXII, par bulle du 27 janvier 1330, délégua Jourdain de Roquefort, prieur de Camon, Pierre de Durban, chanoine de

____

(1) Bonnefont, abbaye d'hommes, O. C., dans l'ancien diocèse de Comminges.

Pamiers et le préchantre de cette dernière Eglise, pour faire une enquête sur les faits et voir le dommage que l'incorporation du monastère de Beaulieu à l'Ordre Cistercien pourrait causer à l'évêque et au Chapitre de Mirepoix. Un an après, le 10 avril 1331, il lançait une bulle ratifiant la fondation de l'abbaye et son union à Cîteaux. Dans cette pièce, après avoir rappelé les origines de cette maison, la conduite de l'Abbé de Calers et les mesures prises pour connaître les droits des intéressés, le Souverain Pontife déclare que les religieuses devront payer à l'évêque et au Chapitre la dîme et les prémices du blé, du vin et du jardinage, excepté de celui qui se récolte dans le jardin de l'enclos du monastère.

Elles n'auront le droit de nourrir que soixante-dix têtes de bétail. Si elles dépassent ce chiffre, elles en payeront la dîme et les prémices.

Pour les funérailles des paroissiens de Mirepoix et autres qui voudront avoir leur sépulture dans l'abbaye, les religieuses donneront à la paroisse le tiers de ce qu'elles percevront à cette occasion. Le corps du défunt sera d'abord porté à l'église mère, avant de l'être à la chapelle du couvent.

Chaque nouvel évêque aura le droit de faire entrer comme religieuse une jeune fille de son choix ayant les qualités voulues. L'abbesse et les religieuses seront tenues à l'accepter. On devra cependant attendre qu'il y ait une place vacante.

Les moines ou chapelain desservant le couvent devront, le jour de la fête de Saint Maurice, Patron de la cathédrale et du diocèse, assister à la procession à la grand'messe.

Le nombre des religieuses sera de dix-neuf, sans

compter l'abbesse. Il pourra être augmenté, si les ressources de l'abbaye le permettent.

Après avoir ainsi régularisé la situation de son cher monastère, Constance de Foix voulut lui assurer le service d'un chapelain. Dans ce but, par acte public et du consentement de son fils aîné, elle lui assigna dix-huit livres de pension. De son côté, Jean II de Lévis, seigneur de Mirepoix, engagea, suivant l'ordre de sa mère, en faveur d'Azemarre de Lissac, abbesse, et des autres moniales, tous les revenus des lieux de Quié (1), Cavanac (2) et Tréziers (3), (4).

L'instrument qui, dans la collection Doat, nous a conservé le souvenir de ces libéralités nous fait connaître aussi le personnel du monastère de Beaulieu ; à cette époque, Azemare de Lissac était abbesse, Véziars de Lissac, sa sœur ou sa parente, prieure, Ermensinde des Pujols, sous-prieure, Fabrice Mathée, cellerière majeure ; Ayceline de Canté, sous-cellerière ; Braide de Calmont, sacristine ; Brunicende Saquère, chantre. Puis venaient Marguerite et Jeanne de Lévis, probablement filles de la fondatrice, Condor de Lissac, Gaillarde Anduras, Veziaque du Falgar, Saurimonde de Marquein, Françoise Mathée, Sclarmonde de Véziaque, Condor de Miglos et Adelaïs Andrée. Comme on le voit, c'est presque toute la noblesse du pays qui est représentée.

Azemare de Lissac, la première supérieure, est citée au nombre des religieuses de Valnègre, dans les actes des donations faites à cette abbaye par Agnès de Foix,

____

(1) Quié. Commune de La Bastide-de-Bousignac, canton de Mirepoix

(2) Cavanac. Commune de Roumengoux.

(3) Tréziers. Commune du canton de Chalabre, arrondissement de Limoux (Aude).

(4) Cabinet historique, XIIe année (1866). Catalogue, p. 115-141 (Collection Doat, volume 32).

en 1302 et en 1309 (1). Elle eut pour successeur, dans cette dignité, Jeanne probablement de Lévis, qui, le 11 février 1342, obtint du pape Clément VI la faveur de l'indulgence plénière à l'article de la mort, en même temps que Marguerite de Lévis, également religieuse de Beaulieu (2).

Le Couvent de Notre-Dame de Beaulieu abrita, plusieurs fois, les consuls et le seigneur de Mirepoix réunis pour traiter ensemble les affaires de la Communauté. Ils s'y rendirent notamment le 26 février et le 22 mars 1325 pour signer certains accords qui mirent fin à de nombreuses contestations (3).

Le 8 septembre 1332, Constance de Foix, se sentant à la fin de sa carrière, voulut faire son testament, qui fut signé par les évêques de Pamiers (4) et de Mirepoix (5), tous deux de l'Ordre de Saint Dominique. Elle n'oublia pas le couvent de Beaulieu. Elle donna au chapelain quinze livres et à l'abbesse et aux sœurs six muids de froment et quatre d'orge. Elle choisit ensuite sa sépulture dans la chapelle du monastère où elle dut être probablement ensevelie et où son corps demeura jusqu'au jour où, après la destruction de l'abbaye, on le

(1) Etude sur l'abbaye de Valnègre, de M. Barrière-Flavy dans son « Histoire de la ville et Chatellenie de Saverdun » (1890).

(2) Archives du Vatican, registres d'Avignon. Clément VI, 7e année : *Indultum pro Johanna abbatissa monasterii beate Marie Belliloci Mirapiscen. Cistercien, ordinis ut confessor quem ipsa elegerit possit et semel in mortis articulo plenam remisionem peccatorum concedere. Datum Avin. 9 Kalen-Martii Indultum ut supra pro Margarita de Levis moniali retrodicti monasterii B. M. Belliloci Mirapiscen. Ordinis prælibati. Datum ut supra.* (Garampi).

(3) Archives du château de Léran, B 1, n° 12, 1117, 27 septembre. Communication gracieuse de M. l'abbé Lafuste, curé de l'Aiguillon.

(4) Dominique Grenier (1326-1348).

(5) Pierre de la Pérarède (1327-1348).

transporta dans une des chapelles de la cathédrale. (1).

Lorsque, le 1er septembre 1352, Gaston Phœbus et sa mère, Eléonore de Comminges, firent la fondation des Salenques au diocèse de Rieux, Ordre de Cîteaux, le couvent de Mirepoix fournit quatre religieuses professes : Maurande de Muay, Esclarmonde de Verniolle, Jeanne de Lévis et Fisse de Rivière (2). Les autres vinrent à l'abbaye de Fabas (3).

La guerre entre le roi de France et les Anglais avait amené en Languedoc des bandes de brigands anglais et gascons appelés *Routiers* qui parcouraient le pays et y commettaient de continuels ravages. Une compagnie, ayant pour chef Jean Petit, s'était établie à Mirepoix et dans les environs. Elle y séjourna longtemps et y commit de telles vexations que la plupart des habitants furent obligés de se retirer en Catalogne (4). Gaston Phœbus, comte de Foix, ayant conclu un traité avec Jean Petit, les Routiers quittèrent Mirepoix mais, avant leur départ, ils pillèrent la ville et mirent le feu à la partie méridionale. Les religieuses de Beaulieu furent obligées de prendre la fuite pour échapper au déshonneur et à la mort. Elles durent se réfugier dans les couvents du voisinage. Ce fut la fin de l'abbaye qui ne se releva plus et dont les biens furent réunis en partie à Boulbonne, en 1370 (5).

(1) Siméon Olive : Inventaire des archives du château de Léran, tome 1er, p. 97.

(2) Delascazes. Mémoire historique.

(3) Idem, ibid. — Fabas, abbaye de femme, O C. dans l'ancien diocèse de Comminges, actuellement de Toulouse, détruite à la Révolution.

(4) Histoire du Languedoc. Preuves 516.

(5) Les évêques de Mirepoix ont toujours joui d'une pièce de terre appelée *le camp de las Moungos*, le champ des Moniales, et qui, comme son nom l'indique, avait fait partie de la Mense abbatiale de Beaulieu.

Roger-Bernard Ier de Lévis, seigneur de Mirepoix, reprit l'enclos avec la chapelle et tout ce qui restait des bâtiments du couvent. Il reprit également un moulin situé à Laroque-d'Olmes, en face l'église Saint-Martin (cimetière actuel) et appelé pour cette raison : Moulin des Moinesses. Le tout fut donné au Chapitre : « sous cette clause et condition que ledit Chapitre serait tenu de faire dire, chaque semaine, dans la dite église, deux messes particulières pour le donateur et tous ceux de sa maison. » (1)

Le 15 mai 1413, Roger-Bernard II de Lévis, petit-fils du précédent, assiste à la réunion du Chapitre où il confirme la donation faite par son aïeul et il ajoute : « Or, comme maintenant la cité de Mirepoix ayant été détruite par les ennemis d'icelle d'où une diminution notable de sa population, ladite chapelle (Notre-Dame de Beaulieu) est en dehors des fortifications et des remparts ; comme au surplus elle menace ruine, tellement qu'on ne saurait guère y demeurer sans danger et qu'il est aisé de prévoir que bientôt les susdites messes ne pourront plus y être célébrées, ledit seigneur propose et demande au Chapitre qu'il lui soit assigné une des chapelles de l'église cathédrale, laquelle église se répare et reconstruit en quelque sorte de présent, et surtout, si possible, la chapelle où fut ensevelie noble et illustre dame Constance de Foix, femme de Jean de Lévis, maréchal et seigneur de Mirepoix, en laquelle chapelle ledit seigneur et les siens pourront avoir leur sépulture et célébreront à l'avenir les deux messes sus-énoncées. Et cependant, du consentement du seigneur (Guillaume du Puy) évêque de Mirepoix, les pierres et matériaux de Notre-Dame de Beaulieu seraient utilisés

(1) Archives du château de Léran, série B 1, n° 19.

et affectés à l'usage de ladite cathédrale et le territoire autrefois donné demeurerait au Chapitre. »

« Le Chapitre accepte et assigne la première chapelle à droite après la chapelle principale du chevet de l'église, à perpétuité, dans laquelle chapelle ledit seigneur et ceux de sa maison pourront avoir un autel, leur sépulture et tout ce qui sera nécessaire à l'usage de ladite chapelle, et c'est là que se célèbreront à l'avenir les deux messes qui se disaient à Notre-Dame de Beaulieu. Et ledit seigneur pourra la faire peindre et décorer à ses armes, selon sa volonté. » (1)

La chapelle que le Chapitre accordait ainsi à la famille de Lévis avait été dédiée par Pierre de la Pérarède, troisième évêque de Mirepoix, qui l'avait fait construire, au prince des apôtres Saint Pierre, son patron, comme on peut le voir par la figure du Saint sculptée à la clef de voûte. Elle changea de vocable quand on y transporta l'autel et la statue de l'apôtre Saint Paul qui décoraient la chapelle de Beaulieu. Le socle en pierre de cette statue portait cette inscription gravée en grandes lettres : S. PAVLVS, précédée et suivie du blason des de Levis : d'or à trois chevrons de sable (2).

(1) Archives du château de Léran, série B 1, n° 19.

(2) Lorsque, le 15 novembre 1742, Mgr de Champflour, évêque de Mirepoix, fit la visite des chapelles de la cathédrale, il trouva la chapelle de Saint Paul fort abandonnée. Il y fit porter la statue de Notre-Dame de Pitié qui se trouvait à la chapelle du Rosaire. Elle devint alors la chapelle de Notre-Dame des Agonisants. Le socle dont nous parlons, devenu inutile par suite du changement d'autel en 1873, a été placé par M. le chanoine Barbe, curé de Mirepoix, à la chapelle de Saint Joseph pour supporter la statue de ce Saint. Le 22 février 1526, noble Pierre de Levis, chanoine de l'église cathédrale de Mirepoix et chancelier de l'évêque Philippe de Lévis, fut enseveli dans la chapelle de Saint Paul. Il y a 30 ans on voyait au milieu de la chapelle la pierre tombale qui le représentait en costume de chanoine avec cette inscription : *Anno nativitatis Dnice MCCCCCXXVI, die XXII februarii obiit nobilis vir Dominus Petrus de Levis Mirapisce, pntis ecclie dum viveret canonicus, cujus anima in pace requiescat, amen.*

Cette concession de chapelle ne pouvait se faire que du consentement de l'évêque. Aussi la pièce que nous citons ajoute : « Sur tout ce qui précède, le Chapitre promet d'obtenir le consentement dudit seigneur évêque et supplie en outre qu'il lui soit permis, si bon lui semble, d'établir dans le territoire sus-indiqué des pêcheries et moulins à eau et qu'il puisse y amener librement, même par les anciens fossés de la ville, le torrent ou ruisseau du Contirou et de toute autre source, agrandir, creuser et élargir les aqueducs, y établir des paissières et des ponts et pour ce faire prendre, dans les forêts dudit seigneur, tout le bois nécessaire sans demander congé, ni licence. »

Le Chapitre ne profita pas directement des faveurs accordées par le seigneur de Mirepoix ; il céda l'enclos de Beaulieu à l'évêque, Guillaume du Puy, sous la redevance de 1 livre de petits tournois. Celui-ci y établit un moulin à deux meules, prenant l'eau du Contirou par les fossés de la ville et des canaux qu'il avait fait creuser. Le terrain environnant fut transformé en prairie. Le moulin donnait un revenu de 20 setiers de blé et la prairie de quatre écus (1). A la mort de l'évêque, les chanoines bénéficièrent des améliorations faites à Beaulieu. Plus tard ils y aménagèrent une maison, qui existe encore, pour loger les enfants de chœur et le maître qui les instruisait et les dirigeait. On l'appela la *Maîtrise* et c'est le nom qu'elle porte encore aujourd'hui.

A la grande Révolution, lorsqu'on vendit les biens du Chapitre, la Maîtrise avec son enclos devint la propriété de plusieurs particuliers.

---

(1) Archives du château de Léran, cartulaire de Mirepoix. Communication gracieuse de M. l'abbé Lafuste, curé de l'Aiguillon.

Pièces Justificatives

I

Dilectis filiis priori de Camone Mirapicensis diocesis et... precentori ac Petro Durbani canonico ecclesie Appamiarum salutem. Exhibita nobis dilecte in Christo filie Constancie de Fuxo, relicte quondam Johannis de Levis, domini Mirapiscensis vidue, petitio continebat quod dudum prefatus Johannes, tunc vite superles, et eadem Constancia, cupientes terrena in celestia et transitoria in eterna felici commercio commutare ad Dei laudem et gloriam et pro suarum animarum remedio salutari, quoddam monasterium monalium *(sic)* vocatum Beate Marie de Belloloco in civitate tunc villa Millapiscen. *(sic)* tunc... diocesani loci super hoc obtenta licentia de bonis propriis fundaverunt pariter et dotarunt quod que postmodum ad eorum instantiam per generale Capitulum Cisterciensis ordinis apud Cistercium, Cabilonensis diocesis celebratum dilectis filiis... de Calercio et... de Bonofonte, dicti ordinis Rivensis et Convenarum diocesum monasterium abbatibus commissum extitit quod prefatum monialium monasterium incorporarent ordini memorato, decreto tamen loci diocesani predicti prius obtento, et adhibito in premissis, et quod idem abbas de Calercio pretextu commissionis hujusmodi solus in hujusmodi executione procedens, assumptis prius de monasterio monialium Vallisnigre, ejusdem ordinis tunc Tolosane nunc vero Rivensis dioc, nonnullis monialibus in numero competenti dictum ordinem expresse professis de voluntate tamen abbatisse ejusdem monasterii Vallisnigre que tunc erat et per eam a sua obedientia ipsius *(sic)* monialibus absolutis, et in dicto novo monasterio collocatis, prefatum novum monasterium hujusmodi decreto ejusdem diocesani nec obtento nec adhibito incorporavit ordini supradicto quod que ipse moniales taliter in dicto novo monasterio collocate unam ex ipsis, personam ad hoc sufficientem et idoneam, canonice et concorditer in abbatissam elegerunt et ex tunc abbatissa et moniales dicti novi monasterii tanquam filie prefati Cisterciensis ordinis vixerunt, eundem ordinem profitendo et morando, etiam sub clausura. Quare prefata nobilis nobis humiliter supplicavit ut premissis omnibus ex certa scientia apostolice confirmationis robur adicere *(sic)* de benignitate apostolica dignaremur, supplendo omnem deffectum si quis ex eo quod dictus abbas de Calercio solus et absque abbate dicti monasterii Bonifontis processit in dicto negocio, quamquam id sibi soli ex forma commissionis non competeret antedicte ac etiam pro eo quod super hiis decretum loci diocesani predicti, ut prefertur, adhibitum non extitit nec obtentum, et ex quacunque alia causa forsitan in premissis extiterel de apostolice plenitudine potestatis de ampliori gratia nihilominus concedendo, quod ipse moniales et eis inibi successive omnibus et singulis privilegiis, inmunitatibus *(sic)* indulgentiis ac libertatibus dicto ordini Cisterciensi, concessis, quibus gaudent cetere moniales dicti ordinis professores libere gaudeant et fruantur, et quod in eodem monasterio novo a predictis monialibus presentibus et futuris ejusdem ordinis Cisterciensis regula perpetuis futures temporibus observetur eisdem monialibus perpetuo in eodem monasterio permanentibus sub clausura pro parte vero venerabilis fratris nostri... episcopo et dilectorum filiorum Capituli Mirapiscensis fuit coram nobis propositum ex adverso quod cum incorporatio hujusmodi per eundem abbatem dicti monasterii de Calercio facta, ut premittitur, Cisterciensi ordini memorato cum propter defectus preditos per eandem nobilem in dicta confirmatione suppleri petitos cum etiam ex eo quia prefatus ordinarius in concessione per eum facta Johanni et Constancie prelibatis de fundando monasterio novo prefato dicto Cisterciensi ordine nil expressis, sed simpliciter de aliquo ordine approbato inanis et vacua prorsus existeret, et ab hoc moniales et monasterium antedicta ipsius episcopi et ecclesie Mirapicensis forent ordinarie jurisdictioni subjecta propter premissa et nonnulla alia que in magnum et evidens ipsorum episcopi, capituli et ecclesie prejudicium notarie redundarent non erat pro parte nostra ad concessionem petitorum per eandem nobilem procedendum. Nos igitur intendentes super dampnis et prejudiciis quibuslibet que ex concessione predicta eisdem episcopo et ecclesie provenirent habere certitudinem pleniorem, gerentes quoque de circumspectione vestra fiduciam in Domino specialem discretioni vestre, per apostolica scripta mandamus quatenus vos vel duo aut unus vestrum per vos vel per alium seu alios procuratoribus episcopi, capituli et monialium predictorum ad vestram presenciam evocatis de dampnis et prejudiciis hujusmodi vos diligenter et solicite informare et certificare curetis et quicquid per informationem vestram hujusmodi fideliter in scriptis habendam super premissis repereritis nobis per vestras patentes litteras vel instrumentum publicum harum seriem continentia quantocius referatis, et *(sic)* ex relatione vestra hujusmodi plenius instructi super premissis certius et comodius quod agendum videbitur, annuente Domino, hinc inde peragere valeamus. Testes autem qui fuerint nominati si se gratia odio vel timore subtraxerint per censuram ecclesiasticam, appellatione cessante, compellatis veritati testimonium perhibere. Datum Avinione xvj kal. februarii anno quarto decimo.

(Archives du Vatican. Registres du Vatican, Jean XXII, XIVᵉ année, vol. 94, épitre 983ᵉ.)

II

Johannes épiscopus servus servorum Dei. Ad perpetuam rei memoriam.

Pia sedis apostolice benignitas operibus pietatis intenta devotorum petitionibus, hiis presertim que divini cultus augmentum, et animarum salutem respiciunt, eo libentius annuere consuevit, quo per hoc obsequium exhibetur Altissimo magis gratum. Tunc petitio dilecte in Chto fille, nobilis mulieris Constantie de Fuxo relicte quondam Johannis de Levis, domini Mirapicensis nobis exhibita continebat, quod olim tam ipsa quam vir suus predictus tunc vivens, cupientes terrena in celestia et transitoria in eterna felici commertio commutare, quoddam monasterium in civitate tunc villa Mirapiscensi, vocatum monasterium Beate Marie de Belloloco, in quo religiose mulieres collocarentur sub clausura Domino serviture, obtenta diocesani, qui tunc erat, super hoc licentia fundaverunt de bonis propriis ac etiam dotaverunt, demumque ipsa Constantia, dicto viro suo gravi egritudine corporali detento, de qua, sicut Domino placuit infra modicum tempus decessit, cupiens abbatissam et moniales Ordinis Cystercientis (*sic*) in eodem monasterio collocari, generali ipsius Ordinis Capitulo supplicavit, ut dictum monasterium, ac abbatissam et moniales predictas suo incorporare ordini et unire perpetuo procurarent, dictum vero capitulum intellecta supplicatione hujusmodi, ... de Bonofonte, ac ... de Calertio ejusdem ordinis monasteriorum Convennarum (*sic*) et Rivensis diocesum abbatibus, tunc commisit, ut dictum monasterium monialium earundem, decreto tamen diocesani et sui capituli, si esset necesse, petito primitus et obtento, incorporarent ordini supradicto; ita quod moniales ibidem essent incluse perpetuo, et idem abbas de Calertio dicti monasterii pater esset Cujus quidem commissionis pretextu dictus abbas de Calertio, solus in negotio supradicto procedens, non petito nec obtento decreto predicto, ad incorporationem et unionem hujusmodi faciendas processit, abbatissam et conventum supradicti ordinis creando in eodem monasterio ac etiam collocando. Sed postmodum memorata Constantia dubitans quod incorporatio et unio predicte que per prefatum abbatem de Calertio, non petito nec obtento decreto, facte fuerant, ut premittitur, nequaquam fulcirentur de jure, ad nos curavit habere recursum, nobis humiliter supplicando ut easdem incorporationem et unionem ratas habentes et gratas, eisdem robur firmitatis apostolice adicere, omnemque supplere defectum, qui ex causis premissis, superius velquibusvis aliis intervenisset quomodolibet in premissis de potestatis plenitudine, ac abbatisse et conventui ejusdem monasterii sub clausura manentibus, quod omnibus privilegiis ordini predicto ab apostolica sede concessis gaudere possent plenarie concedere

benignitate apostolica dignaremur. Cumque venerabilis frater noster…
episcopus et dilecti filii Capitulum Mirapiscense petitioni hujusmodi
opponentes assererent ex incorporatione, unione ac concessione predictis,
si fierent, tam sibi quam ecclesie Mirapicensi grandia prejudicia generari.
Nos volentes super hiis plenius informari, certis judicibus per nostras
certi tenoris litteras dedimus in mandatis, ut ipsi vel duo ipsorum, perse-
vel alium seu alios de prejudiciis hujusmodi se informare ac certificare,
nobisque referre quicquid reperirent super hiis, fideliter procurarent.
Deinde vero coram duobus ex eisdem judicibus qui super predictis
inceperunt procedere per partes easdem, quas tangere videbatur
negocium hujusmodi aliquandiu in eis partibus litigato, propositisque per
partem dictorum episcopi et capituli quibusdam recusationibus et appella-
tionibus ad sedem apostolicam interjectis, prefati judices negotium
hujusmodi ad sedem apostolicam de voluntate ipsarum partium remise-
runt. Quare predicta Constantia ad sedem veniens supradictam nobis
humiliter supplicavit ut cum ipsa sit cum prompta executione parata
ecclesie Mirapiscensi predicte de dampnis et prejudiciis que propter
incorporationem et unionem predictas, posset pati satisfacere competenter, dignaremur sublatis litigiosis anfractibus, fundationem prelibati
monasterii, necnon creationem dictarum abbatisse et conventus ac ea que
per eas in eodem monasterio acta sunt interim habere rata et grata
prefatumque monasterium incorporare et unire dicto Cysterciensi (sic)
Ordini, ac memoratis abbatisse et conventui concedere quod privilegiis
gaudere valeant supradictis subsequenter autem inter episcopum ipsum
ac quosdam ecclesie predicte canonicos apud sedem constitutos predictam
exparte una et ipsam Constantiam necnon procuratorem earumdem
abbatisse et conventus ex altera tractatu super premissis habito et
retentis certis juribus pro episcopo, capitulo et ecclesia Mirapiscensis
predictis, sicut inferius continetur. Nos supplicationi predicte benignius
inclinati, easdem fundationem et creationem actaque hujusmodi per
abbatissam et conventum easdem rata habebimus (sic) et grata supplen-
tes omnem defectum qui quomodolibet intervenit in eisdem de apostolice plenitudine potestatis, ac ea volentes et decernentes obtinere adeo
perpetui roboris firmitatem ac si a principio, servatis omnibus et
adhibitis que circa ea observari et adhiberi debebant. rite ac canonice
processissent prelibatum que monasterium eidem Ordini Cisterciensi
auctoritate apostolica incorporamus perpetue et unimus. Statuentes et
etiam concedentes quodammodo abbatissa et conventus ipsius monasterii, quas in eodem sub clausura permanere volumus perpetuo sub
magisterio et doctrina ipsius ordinis prefatique abbatis de Calertio
maneant et gaudeant privilegiis concessis eidem ordini vel imposterum
concedendis, hiis tamen que secuntur adjectis, super quibus inter eumdem
episcopum dictamque Constantiam et procuratorem dictorum abbatisse et
conventus tractatus intervenisse noscitur et specialiter et expresse
videlicet quod abbatissa et conventus predicte, que nunc sunt et erunt

in posterum decimas et primitias de omnibus bladis et vineis (*sic*) in quibuscumque prediis, terris et vineis tam novalibus quam aliis que ad manus ipsarum et ejusdem monasterii devenerunt quomodolibet hactenus vel devenient in posterum excrescentibus, vel que in futurum excrescent solvere integraliter juxta consuetudinem patrie episcopo et capitulo predictis ac aliis ad quos perceptio decimarum et primitiarun in civitate vel diocesi Mirapiscen, spectat seu spectabit teneantur et debeant, fraude et dolo cessantibus, quibuscunque ortalagiis tam ortorum ipsarum quos propriis sumptibus excolent et hiis que infra clausuram predicti monasterii nunc determinatam et factam excrescent a prestatione hujusmodi decime et primitie dumtaxat exceptis. De nutrimentis vero animalium sine fraude usque ad numerum septingentorum animalium decimam et primitiam minime solvere teneantur, sed si ultra numerum predictum ipsas animalia tenere contingeret, de illis que erunt supra dictum numerum decimam et primitiam juxta locorum in quibus tenebuntur infra civitatem et diocesim predictas consuetudinem solvent integre et perfecte. Rursus de funeralibus illorum qui de parrochia ecclesie Mirapiscensis, cujuscunque conditionis existant et ubicunque decedant et apud monasterium suum elegerint sepulturam, eisdem capitulo et sacriste supradicte ecclesie Mirapiscensis tertiam portem, fraude cessante, absque more dispendio restituere teneantur. Et nihilominus hujusmodi defunctorum corpora deferantur ad eandem Mirapiscensem ecclesiam et eidem presententur primitus sicut est hactenus fieri consuetum. Preterea volumus et etiam ordinamus quod quilibedt episcopus Mirapiscensis, in sua nova creatione, unam puellam ydoneam, quam elegerit. servato moderatione infrascripta possit ponere in monasterio prelibato, quam predicte abbatissa et conventus in monialem teneantur recipere, cessante difficultate qualibet, et sororem. Item quia monachi et capellani in eodem monasterio residentes consueverunt in festo sancti Mauritii, cujus vocabulo est eadem ecclesia Mirapiscensis insignita, processioni et misse majori que celebrantur in ipsa ecclesia interesse volumus, quod hujusmodi consuetudo laudabilis perpetuis temporibus observetur. Hec autem omnia pro episcopo, capitulo et ecclesia Mirapiscen predictis, ut superius continetur adjecta sic eis volumus esse salva quod per dicta privilegia vel alio quovis modo eisdem super illis vel eorum aliquo minime derogetur, immo volumus, statuimus, decernimus et auctoritate predicta ordinamus quod predicta privilegia dicto concessa ordini seu eisdem abbatisse et conventui vel etiam in posterum concedenda cujuscunque tenoris existant ad premissa que a prefatis episcopo, capitulo. sacrista et ecclesia Mirapiscen, retinentur, ut premittitur, nullatenus extendantur, nec abbatisse, conventui et monasterio predictis suffragari valeant quomodolibet contra ea. Rursus cum pro parte dictarum Constantie ac abbatisse et conventus ejusdem monasterii nobis instanter et humiliter fuerit supplicatum ut decem et novem monialium numerum preter abbatissam in eodem monasterio, auctoritate predicta deputare ac constituere dignaremur. Nos attento, sicut fide dignorum habet assertio quod pro tot et non pluribus facultates ejusdem monasterii suppetunt in presenti, hujusmodi supplicationi benignius annuentes, volumus, statuimus ac etiam ordinamus quod hujusmodi numerus habeatur in ipso monasterio de cetero perpetuis temporibus ac etiam observetur nisi forsan intantum excrescerent ejusdem monasterii facultates quod pluribus possent sufficere competenter. Siquidem premissis adicimus, quod puella quam ibidem ponet in sua nova creatione Mirapiscensis episcopus, ut superius est expressum, recipiatur in loco vacanti, si tunc ibidem fuerit locus vacans, alias autem primum locum inibi vacaturum puella ipsa recepta tamen statim per abbatissam et conventum predictas ad nominationem ejusdem episcopi spectabit. Nos enim ex nunc irritum decernimus et inane quicquid contra statutum et ordinationem nostram hujusmodi contigerit attemptari. Nulli ergo omnino hominum liceat hanc paginam nostre ratificationis, suppletionis, unionis, statuti, concessionis ordinationis et constitutionis infringere vel ei ausu temerario contraire. Si quis autem hoc attemptare presumpserit indignationem Omnipotentis Dei et beatorum Petri et Pauli apostolorum ejus, se noverit incursurum. — Datum Avinione iiij Nonas Aprilis pontificatus nostri anno quintodecimo.

(A. V. Reg. Vatic. Joh. XXII ann. XV°, pars 2ª vol. 98, epist. 817.)